août 1829. — — — — page 19

4.° art.s publié par Hipp. Carnot au moment où il a repris la revue encyclopédique. Septembre 1831. — — 4

5.° examen du Budget de 1832, par E. Pereire. Décembre 1831. — — 55

6.° de l'assiette de l'impôt, par E. Pereire. 1832. — — — 12

7.° Consid.ons rationnelles sur les finances de France et des États-Unis, par Émile Pereire. mars 1832. — — 38

8.° coup d'œil sur les formations volcaniques des bords du Rhin, par Jean Reynaud. 1832. — — 40

9.° de la nécessité d'une représentation spéciale pour les prolétaires, par Jean Reynaud. avril 1832 — — 20

10.° coup d'œil sur l'exposition de Sculpture, par Jean Reynaud. mars 1833. — — — — — 31

11.° Consid.ons rationnelles sur la politique extérieure et intérieure de la France depuis la révolution de 1830, par S. m.[Lieutenant?]. 1831 — 68

378

d'autre part

— 12.° De la modération politique, par
F. M. Laurent. Décembre 1831. — 28

— 13.° Discours prononcé devant la
cour d'assises de [illegible] la Seine,
par M.ᵉ Laurent, pour M.ᵉ Ricard-
Farrant. (affaire du journal des amis
du peuple). 1832. — — — — 23

considérations philosophiques sur la puissance
— 14.° Discours paternelle, par F. M. Laurent
au congrès de Montpellier. 1837 — 22

— 15.° De la réforme commerciale,   461   429
par Stéphane Flachat   54   54
extrait de la revue des deux
mondes. Livraison du 1ᵉʳ novembre — 53   483
1834   ———
                                            558

1829 — 1837.

Extrait de la Revue Encyclopédique (Novembre 1829) (1).

DISCOURS D'OUVERTURE

DU COURS DE PHILOSOPHIE POSITIVE (2)

De M. *Auguste* Comte,

Ancien Élève de l'École Polytechnique :

Exposition du but de ce Cours ;

ou

Considérations générales sur la nature et l'importance de la philosophie positive.

Messieurs, l'objet de cette première séance est d'exposer nettement le but de ce cours ; c'est-à-dire, de déterminer exactement l'esprit dans lequel seront considérées les diverses branches fondamentales de la philosophie naturelle, indiquées par le programme sommaire que je vous ai présenté.

Sans doute, la nature de ce cours ne saurait être complétement appréciée, de manière à pouvoir s'en former une opi-

---

(1) On souscrit, pour ce Recueil, dont il paraît un cahier de quatorze feuilles d'impression tous les mois, au BUREAU CENTRAL D'ABONNEMENT, chez SÉDILLOT, libraire, *rue d'Enfer-Saint-Michel*, n° 18. Chaque cahier se compose de quatre sections :

I. *Notices et Mémoires* sur des objets d'un intérêt général.

II. *Analyses d'ouvrages choisis*, 1° *Sciences physiques* ; 2° *Sciences morales et politiques* ; 3° *Littérature et Beaux-Arts.*

III. *Annonces bibliographiques* d'ouvrages nouveaux, classés par pays, et dans chaque pays, par sciences.

IV. *Nouvelles scientifiques et littéraires.*

Prix, à Paris, 46 fr. pour un an ; dans les départemens, 53 fr. et 60 fr. pour les pays étrangers.

(2) Pour donner immédiatement au lecteur une idée aussi claire que

nion définitive, que lorsque les diverses parties en auront été successivement développées. Tel est l'inconvénient ordinaire des définitions relatives à des systèmes d'idées très-étendus, quand elles en précèdent l'exposition. Mais les généralités peuvent être conçues sous deux aspects, ou comme aperçu

---

possible de la nature de ce cours, il est convenable d'en indiquer ici le programme sommaire.

COURS DE PHILOSOPHIE POSITIVE.

Préliminaires généraux....	2 séances.	1°. Exposition du but de ce cours.	
		2°. Exposition du plan.	
Mathématiques.............	16 id.	Vue générale........	1
		Calcul..............	6
		Géométrie..........	5
		Mécaniq. rationnelle.	4

Sciences des corps bruts.
Astronomie..............	9 id.	Géométrique....... 5
		Mécanique.......... 4
Physique................	9 id.	
Chimie.................	6 id.	

Sciences des corps organisés.
Physiologie.............	12 id.	Végétale........... 3
		Animale........... 5
		Intellect. et affective. 4
Physique sociale.........	15 id.	Introduction........ 2
		Méthode........... 3
		Science............ 10

Résumé général; Conclusion.	3 id.	1°. Résumé de la méthode positive.
		2°. Résumé de la doctrine positive.
		3°. De l'avenir de la philosophie positive.

Ce cours a été ouvert, le dimanche 4 janvier 1829, devant un auditoire dont avaient bien voulu faire partie M. *Fourier*, secrétaire perpétuel de l'Académie des Sciences; MM. *de Blainville, Poinsot, Navier*, membres de la même Académie ; MM. les professeurs *Broussais, Esquirol, Binet*, etc.

Le même cours va être fait de nouveau, à partir du mois de décembre, à l'Athénée royal, avec cette seule différence que les convenances de cet établissement obligent d'en restreindre un peu les développemens, qui se retrouveront d'ailleurs tout entiers dans la publication que le professeur se propose de faire prochainement de ses leçons, telles qu'elles

d'une doctrine à établir, où comme résumé d'une doctrine établie. Si c'est seulement sous ce dernier point de vue qu'elles acquièrent toute leur valeur, elles n'en ont pas moins déjà, sous le premier, une extrême importance, en caractérisant dès l'origine le sujet à considérer. La circonscription générale du champ de nos recherches, tracée avec toute la sévérité possible, est, pour notre esprit, un préliminaire particulièrement indispensable dans une étude aussi vaste et jusqu'ici aussi peu déterminée que celle dont nous allons nous occuper. C'est afin d'obéir à cette nécessité logique que je crois devoir vous indiquer dès ce moment la série des considérations fondamentales qui ont donné naissance à ce nouveau cours, et qui seront d'ailleurs spécialement développées, dans la suite, avec toute l'extension que réclame la haute importance de chacune d'elles.

Pour expliquer convenablement la véritable nature et le caractère propre de la philosophie positive, il est indispensable de jeter d'abord un coup d'œil général sur la marche progressive de l'esprit humain, envisagée dans son ensemble : car une conception quelconque ne peut être bien connue que par son histoire.

En étudiant ainsi le développement total de l'intelligence humaine dans ses diverses sphères d'activité, depuis son premier essor le plus simple jusqu'à nos jours, je crois avoir découvert une grande loi fondamentale, à laquelle il est assujetti par une nécessité invariable, et qui me semble pouvoir être solidement établie, soit sur les preuves rationnelles fournies par la connaissance de notre organisation, soit sur les vérifications historiques résultant d'un examen attentif du passé. Cette loi consiste en ce que chacune de nos conceptions principales, chaque branche de nos connaissances, passe successivement par trois états théoriques différens : l'état théologique, ou fictif; l'état métaphysique, ou abstrait; l'état scientifique, ou positif. En d'autres termes, l'esprit humain, par sa nature, emploie successivement dans chacune de ses recherches trois méthodes de philosopher, dont le caractère est essentiellement différent et même radicalement opposé : d'abord, la méthode théologique, ensuite la méthode métaphysique, et enfin la méthode positive. De là, trois sortes de philosophies, ou de systèmes généraux de conceptions sur l'ensemble des phénomènes, qui s'excluent mutuellement : la première est le point de départ nécessaire de l'intelligence humaine, la troisième, son état fixe et définitif; la seconde est uniquement destinée à servir de transition.

Dans l'état théologique, l'esprit humain dirigeant essentiellement ses recherches vers la nature intime des êtres, les causes premières et finales de tous les effets qui le frappent, en un mot, vers les connaissances absolues, se représente les phénomènes comme produits par l'action directe et continue d'agens surnaturels plus ou moins nombreux, dont l'intervention arbitraire explique toutes les anomalies apparentes de l'univers.

Dans l'état métaphysique, qui n'est, au fond, qu'une simple modification générale du premier, les agens surnaturels sont remplacés par des forces abstraites, véritables entités (abstractions personnifiées) inhérentes aux divers êtres du monde, et conçues comme capables d'engendrer par elles-mêmes tous les phénomènes observés, dont l'explication consiste alors à assigner pour chacun l'entité correspondante.

Enfin, dans l'état positif, l'esprit humain, reconnaissant l'impossibilité d'obtenir des notions absolues, renonce à chercher l'origine et la destination de l'univers, et à connaître les causes intimes des phénomènes, pour s'attacher uniquement à découvrir, par l'usage bien combiné du raisonnement et de l'observation, leurs lois effectives, c'est-à-dire, leurs relations invariables de succession et de similitude. L'explication des faits, réduite alors à ses termes réels, n'est plus désormais que la liaison établie entre les divers phénomènes particuliers et quelques faits généraux, dont les progrès de la science tendent de plus en plus à diminuer le nombre.

Le système théologique est parvenu à la plus haute perfection dont il soit susceptible, quand il a substitué l'action providentielle d'un être unique au jeu varié des nombreuses divinités indépendantes qui avaient été imaginées primitivement. De même, le dernier terme du système métaphysique consiste à concevoir, au lieu des différentes entités particulières, une seule grande entité générale, la *nature*, envisagée comme la source unique de tous les phénomènes. Pareillement, la perfection du système positif, vers laquelle il tend sans cesse, quoiqu'il soit très-probable qu'il ne doive jamais l'atteindre, serait de pouvoir se représenter tous les divers phénomènes observables comme des cas particuliers d'un seul fait général, tel que celui de la gravitation, par exemple.

Ce n'est pas ici le lieu de démontrer spécialement cette loi fondamentale du développement de l'esprit humain, et d'en déduire les conséquences les plus importantes. Nous en traiterons directement, avec toute l'extension convenable, dans la partie de ce cours relative à l'étude des phénomènes sociaux (1). Je ne la considère maintenant que pour déterminer avec précision le véritable caractère de la philosophie positive, par opposition aux deux autres philosophies qui ont successivement dominé, jusqu'à ces derniers siècles, tout notre système intellectuel. Quant à présent, afin de ne pas laisser entièrement sans démonstration une loi de cette importance, dont les applications se présenteront fréquemment dans toute l'étendue de ce cours, je dois me borner à une indication rapide des motifs généraux les plus sensibles qui peuvent en constater l'exactitude.

En premier lieu, il suffit, ce me semble, d'énoncer une telle loi, pour que la justesse en soit immédiatement vérifiée par

---

(1) Les personnes qui désireraient immédiatement à ce sujet des éclaircissemens plus étendus, pourront consulter utilement trois articles de *Considérations philosophiques sur les sciences et les savans* que j'ai publiés, en novembre 1825, dans un recueil intitulé *le Producteur* (n°° 7, 8 et 10) et surtout la première partie de mon *Système de politique positive*, adressée, en avril 1824, à l'Académie des Sciences, et où j'ai consigné, pour l première fois, la découverte de cette loi.

tous ceux qui ont quelque connaissance approfondie de l'histoire générale des sciences. Il n'en est pas une seule, en effet, parvenue aujourd'hui à l'état positif, que chacun ne puisse aisément se représenter, dans le passé, essentiellement composée d'abstractions métaphysiques, et, en remontant encore davantage, tout-à-fait dominée par les conceptions théologiques. Nous aurons même malheureusement plus d'une occasion formelle de reconnaître, dans les diverses parties de ce cours, que les sciences les plus perfectionnées conservent encore aujourd'hui quelques traces très-sensibles de ces deux états primitifs.

Cette révolution générale de l'esprit humain peut d'ailleurs être aisément constatée aujourd'hui, d'une manière très-sensible quoique indirecte, en considérant le développement de l'intelligence individuelle. Le point de départ étant nécessairement le même dans l'éducation de l'individu que dans celle de l'espèce, les diverses phases principales de la première doivent représenter les époques fondamentales de la seconde. Or, chacun de nous, en contemplant sa propre histoire, ne se souvient-il pas qu'il a été successivement, quant à ses notions les plus importantes, *théologien* dans son enfance, *métaphysicien* dans sa jeunesse, et *physicien* dans sa virilité ? Cette vérification est facile aujourd'hui pour tous les hommes au niveau de leur siècle.

Mais, outre l'observation directe, générale ou individuelle, qui prouve l'exactitude de cette loi, je dois surtout, dans cette indication sommaire, mentionner les considérations théoriques qui en font sentir la nécessité.

La plus importante de ces considérations, puisée dans la nature même du sujet, consiste dans le besoin, à toute époque, d'une théorie quelconque pour lier les faits, combiné avec l'impossibilité évidente, pour l'esprit humain à son origine, de se former des théories d'après les observations.

Tous les bons esprits répètent, depuis Bacon, qu'il n'y a de connaissances réelles que celles qui reposent sur des faits observés. Cette maxime fondamentale est évidemment incontestable, si on l'applique, comme il convient, à l'état viril de notre intelligence. Mais, en se reportant à la formation de nos connaissances, il n'en est pas moins certain que l'esprit humain, dans son état primitif, ne pouvait ni ne devait penser ainsi. Car, si, d'un côté, toute théorie positive doit nécessairement être fondée sur les observations, il est également sensible, d'un autre côté, que, pour se livrer à l'observation, notre esprit a besoin d'une théorie quelconque. Si, en contemplant les phénomènes, nous ne les rattachions point immédiatement à quelques principes, non-seulement il nous serait impossible de combiner ces observations isolées, et, par conséquent, d'en tirer aucun fruit, mais nous serions même entièrement incapables de les retenir; et, le plus souvent, les faits resteraient inaperçus sous nos yeux.

Ainsi, pressé entre la nécessité d'observer pour se former des théories réelles, et la nécessité non moins impérieuse de se créer des théories quelconques pour se livrer à des observations suivies, l'esprit humain, à sa naissance, se trouverait enfermé dans un cercle vicieux dont il n'aurait jamais eu aucun moyen de sortir, s'il ne se fût heureusement ouvert une issue naturelle par le développement spontané des conceptions théologiques, qui ont présenté un point de ralliement à ses efforts, et fourni un aliment à son activité. Tel est, indépendamment des hautes considérations sociales qui s'y rattachent et que je ne dois pas même indiquer en ce moment, le motif fondamental qui démontre la nécessité logique du caractère purement théologique de la philosophie primitive.

Cette nécessité devient encore plus sensible en ayant égard à la parfaite convenance de la philosophie théologique avec la nature propre des recherches sur lesquelles l'esprit humain dans son enfance concentre si éminemment toute son activité. Il est bien remarquable, en effet, que les questions les plus radicalement inaccessibles à nos moyens, la nature intime des êtres, l'origine et la fin de tous les phénomènes, soient précisément celles que notre intelligence se propose par-dessus tout dans cet état primitif, tous les problèmes vraiment solubles étant presque envisagés comme indignes de méditations sérieuses. On en conçoit aisément la raison; car c'est l'expérience seule qui a pu nous fournir la mesure de nos forces; et, si l'homme n'avait d'abord commencé par en avoir une opinion exagérée, elles n'eussent jamais pu acquérir tout le développement dont elles sont susceptibles. Ainsi l'exige notre organisation. Mais, quoi qu'il en soit, représentons-nous, autant que possible, cette disposition si universelle et si prononcée, et demandons-nous quel accueil aurait reçu à une telle époque, en la supposant formée, la philosophie positive, dont la plus haute ambition est de découvrir les lois des phénomènes, et dont le premier caractère propre est précisément de regarder comme nécessairement interdits à la raison humaine tous ces sublimes mystères, que la philosophie théologique explique, au contraire, avec une si admirable facilité jusque dans leurs moindres détails.

Il en est de même en considérant sous le point de vue pratique la nature des recherches qui occupent primitivement l'esprit humain. Sous ce rapport, elles offrent à l'homme l'attrait si énergique d'un empire illimité à exercer sur le monde extérieur, envisagé comme entièrement destiné à notre usage, et comme présentant dans tous ses phénomènes des relations intimes et continues avec notre existence. Or, ces espérances chimériques, ces idées exagérées de l'importance de l'homme dans l'univers, que fait naître la philosophie théologique, et que détruit sans retour la première influence de la philosophie positive, sont, à l'origine, un stimulant indispensable, sans lequel on ne pourrait, certainement, concevoir que l'esprit humain se fût déterminé primitivement à de pénibles travaux.

Nous sommes aujourd'hui tellement éloignés de ces dispositions premières, du moins quant à la plupart des phénomènes, que nous avons peine à nous représenter exactement la puissance et la nécessité de considérations semblables. La raison humaine est maintenant assez mûre pour que nous entreprenions de laborieuses recherches scientifiques, sans avoir en vue aucun but étranger capable d'agir fortement sur l'imagination, comme celui que se proposaient les astrologues ou les alchimistes. Notre activité intellectuelle est suffisamment excitée par le pur espoir de découvrir les lois des phénomènes, par le simple désir de confirmer ou d'infirmer une théorie. Mais il ne pouvait en être ainsi dans l'enfance de l'esprit humain. Sans les attrayantes chimères de l'astrologie, sans les énergiques déceptions de l'alchimie, par exemple, où aurions-nous puisé la constance et l'ardeur nécessaires pour recueillir les longues suites d'observations et d'expériences qui ont, plus tard, servi de fondement aux premières théories positives de l'une et l'autre classe de phénomènes ?

Cette condition de notre développement intellectuel a été vivement sentie depuis long-tems par Kepler pour l'astronomie, et justement appréciée de nos jours par Berthollet pour la chimie.

On voit donc, par cet ensemble de considérations, que, si la philosophie positive est le véritable état définitif de l'intelligence humaine, celui vers lequel elle a toujours tendu de plus en plus, elle n'en a pas moins dû nécessairement employer d'abord, et pendant une longue suite de siècles, soit comme méthode, soit comme doctrine provisoires, la philosophie théologique; philosophie dont le caractère est d'être spontanée, et, par cela même, la seule possible à l'origine, la seule aussi qui pût offrir à notre esprit naissant un intérêt suffisant. Il est maintenant très-facile de sentir que, pour passer de cette philosophie provisoire à la philosophie définitive, l'esprit humain a dû naturellement adopter, comme philosophie transitoire, les méthodes et les doctrines métaphysiques. Cette dernière considération est indispensable pour compléter l'aperçu général de la grande loi que j'ai indiquée.

On conçoit sans peine, en effet, que notre entendement, contraint à ne marcher que par degrés presque insensibles, ne pouvait passer brusquement, et sans intermédiaires, de la philosophie théologique à la philosophie positive. La théologie et la physique sont si profondément incompatibles, leurs conceptions ont un caractère si radicalement opposé, qu'avant de renoncer aux unes pour employer exclusivement les autres, l'intelligence humaine a dû se servir de conceptions intermédiaires, d'un caractère bâtard, propres, par cela même, à opérer graduellement la transition. Telle est la destination naturelle des conceptions métaphysiques : elles n'ont pas d'autre utilité réelle. En substituant, dans l'étude des phénomènes, à l'action surnaturelle directrice une entité correspondante et inséparable, quoique celle-ci ne fût d'abord conçue que comme une émanation de la première, l'homme s'est habitué peu à peu à ne considérer que les faits eux-mêmes, les notions de ces agens métaphysiques ayant été graduellement subtilisées au point de n'être plus, aux yeux de tout esprit droit, que les noms abstraits des phénomènes. Il est impossible d'imaginer par quel autre procédé notre entendement aurait pu passer des considérations franchement surnaturelles aux considérations purement naturelles, du régime théologique au régime positif.

Après avoir ainsi établi, autant que je puis le faire sans entrer dans une discussion spéciale qui serait déplacée en ce moment, la loi générale du développement de l'esprit humain tel que je le conçois, il nous sera maintenant aisé de déterminer avec précision la nature propre de la philosophie positive ; ce qui est l'objet essentiel de ce discours.

Nous voyons, par ce qui précède, que le caractère fondamental de la philosophie positive est de regarder tous les phénomènes comme assujettis à des *lois* naturelles invariables, dont la découverte précise et la réduction au moindre nombre possible sont le but de tous nos efforts, en considérant comme absolument inaccessible et vide de sens pour nous la recherche de ce qu'on appelle les *causes,* soit premières, soit finales. Il est inutile d'insister beaucoup sur un principe devenu maintenant aussi familier à tous ceux qui ont fait une étude un peu approfondie des sciences d'observation. Chacun sait, en effet, que, dans nos explications positives, même les plus parfaites, nous n'avons nullement la prétention d'exposer les *causes génératrices* des phénomènes, puisque nous ne ferions jamais alors que reculer la difficulté, mais seulement d'analyser avec exactitude les circonstances de leur production, et de les rattacher les uns aux autres par des relations normales de succession et de similitude.

Ainsi, pour en citer l'exemple le plus admirable, nous disons que les phénomènes généraux de l'univers sont *expliqués*, autant qu'ils puissent l'être, par la loi de la gravitation newtonienne, parce que, d'un côté, cette belle théorie nous montre toute l'immense variété des faits astronomiques, comme n'étant qu'un seul et même fait envisagé sous divers points de vue, la tendance constante de toutes les molécules les unes vers les autres en raison directe de leurs masses et en raison inverse des carrés de leurs distances ; tandis que, d'un autre côté, ce fait général nous est présenté comme une simple extension d'un phénomène qui nous est éminemment familier, et que, par cela seul, nous regardons comme parfaitement connu, la pesanteur des corps à la surface de la terre. Quant à déterminer ce que sont en elles-mêmes cette attraction et cette pesanteur, quelles en sont les causes, ce sont des questions que nous regardons tous comme insolubles, qui ne sont plus du domaine de la philosophie positive, et que nous abandonnons avec raison à l'imagination des théologiens, ou aux subtilités des métaphysiciens. La preuve manifeste de l'impossibilité d'obtenir de telles solutions, c'est que, toutes les fois qu'on a cherché à dire à ce sujet quelque chose de vraiment rationnel, les plus grands esprits n'ont pu que définir ces deux principes l'un par l'autre, en disant, pour l'attraction, qu'elle n'est autre chose qu'une pesanteur universelle, et ensuite, pour la pesanteur, qu'elle consiste simplement dans l'attraction terrestre. De telles explications, qui font sourire quand on prétend à connaître la nature intime des choses et le mode de génération des phénomènes, sont cependant tout ce que nous pouvons obtenir de plus satisfaisant, en nous montrant comme identiques deux ordres de phénomènes qui ont été si long-tems regardés comme n'ayant aucun rapport entre eux. Aucun esprit juste ne cherche aujourd'hui à aller plus loin.

Il serait aisé de multiplier ces exemples, qui se présenteront en foule dans toute la durée de ce cours, puisque tel est maintenant l'esprit qui dirige exclusivement les grandes combinaisons intellectuelles. Pour en citer en ce moment un seul parmi les travaux contemporains, je choisirai la belle série de recherches de M. Fourier sur la théorie de la chaleur. Elle nous offre la vérification très-sensible des remarques générales précédentes. En effet, dans ce travail dont le caractère philosophique est si éminemment positif, les lois les plus importantes et les plus précises des phénomènes thermologiques se trouvent dévoilées, sans que l'auteur se soit enquis une seule fois de la nature intime de la chaleur, sans qu'il ait mentionné, autrement que pour en indiquer le vide, la controverse si agitée entre les partisans de la matière calorifique et ceux qui font consister la chaleur dans les vibrations d'un éther universel. Et, néanmoins, les plus hautes questions, dont plusieurs n'avaient même jamais été posées, sont traitées dans cet ouvrage, preuve palpable que l'esprit humain, sans se jeter dans des problèmes inabordables, et en se restreignant dans les recherches d'un ordre entièrement positif, peut y trouver un aliment inépuisable à son activité la plus profonde.

Après avoir caractérisé, aussi exactement qu'il m'est permis de le faire dans cet aperçu général, l'esprit de la philosophie positive, que ce cours tout entier est destiné à développer, je dois maintenant examiner à quelle époque de sa formation elle est parvenue aujourd'hui, et ce qui reste à faire pour achever de la constituer.

A cet effet, il faut d'abord considérer que les différentes branches de nos connaissances n'ont pas dû parcourir d'une vitesse égale les trois grandes phases de leur développement indiquées ci-dessus, ni, par conséquent, arriver simultanément à l'état positif. Il existe, sous ce rapport, un ordre invariable et nécessaire, que nos divers genres de conceptions ont suivi et dû suivre dans leur progression, et dont la considération exacte est le complément indispensable de la loi fondamentale énoncée précédemment. (Cet ordre sera le sujet spécial de la prochaine séance.) Qu'il nous suffise, quant à présent, de savoir qu'il est conforme à la nature diverse des phénomènes, et qu'il est déterminé par leur degré de généralité, de simplicité, et d'indépendance réciproque, trois considérations qui, bien que distinctes, concourent au même but. Ainsi, les phénomènes astronomiques d'abord, comme étant les plus généraux, les plus simples, et les plus indépendans de tous les autres, et successivement, par les mêmes raisons, les phénomènes de la physique terrestre proprement dite, ceux de la chimie, et enfin les phénomènes physiologiques, ont été ramenés à des théories positives.

Il est impossible d'assigner l'origine précise de cette révolution ; car on en peut dire avec exactitude, comme de tous les autres grands évenemens humains, qu'elle s'est accomplie constamment et de plus en plus, particulièrement depuis les travaux d'Aristote et de l'école d'Alexandrie, et ensuite depuis l'introduction des sciences naturelles dans l'Europe occidentale par les Arabes. Cependant, vu qu'il convient de fixer une époque pour empêcher la divagation des idées, j'indiquerai celle du grand mouvement imprimé à l'esprit humain, il y a deux siècles, par l'action combinée des préceptes de Bacon, des conceptions de Descartes, et des découvertes de Galilée, comme le moment où l'esprit de la philosophie positive a commencé à se prononcer dans le monde, en opposition évidente avec l'esprit théologique et métaphysique. C'est alors, en effet, que les conceptions positives se sont dégagées nettement de l'alliage superstitieux et scolastique qui déguisait plus ou moins le véritable caractère de tous les travaux antérieurs.

Depuis cette mémorable époque, le mouvement d'ascension de la philosophie positive, et le mouvement de décadence de la philosophie théologique et métaphysique, ont été extrêmement marqués. Ils se sont enfin tellement prononcés, qu'il est devenu impossible aujourd'hui, à tous les observaleurs ayant conscience de leur siècle, de méconnaître la destination finale de l'intelligence humaine pour les études positives, ainsi que son éloignement désormais irrévocable pour ces vaines doctrines et pour ces méthodes provisoires qui ne pouvaient convenir qu'à son premier essor. Ainsi, cette révolution fondamentale s'accomplira nécessairement dans toute son étendue. Si donc il lui reste encore quelque grande conquête à faire, quelque branche principale du domaine intellectuel à envahir, on peut être certain que la transformation s'y opérera, comme elle s'est effectuée dans toutes les autres. Car, il serait évidemment contradictoire de supposer que l'esprit humain, si disposé à l'unité de méthode, conservât indéfiniment, pour une seule classe de phénomènes, sa manière primitive de philosopher, lorsqu'une fois il est arrivé à adopter pour tout le reste une nouvelle marche philosophique, d'un caractère absolument opposé.

Tout se réduit donc à une simple question de fait : la philosophie positive, qui, dans les deux derniers siècles, a pris graduellement une si grande extension, embrasse-t-elle aujourd'hui tous les ordres de phénomènes ? Il est évident que cela n'est point, et que, par conséquent, il reste encore une grande opération scientifique à exécuter pour donner à la philosophie positive ce caractère d'universalité, indispensable à sa constitution définitive.

En effet, dans les quatre catégories principales de phénomènes naturels énumérées tout à l'heure, les phénomènes astronomiques, physiques, chimiques et physiologiques, on remarque une lacune essentielle relative aux phénomènes sociaux, qui, bien que compris implicitement parmi les phénomènes physiologiques, méritent, soit par leur importance, soit par les difficultés propres à leur étude, de former une catégorie distincte. Ce dernier ordre de conceptions, qui se rapporte aux phénomènes les plus particuliers, les plus compliqués, et les plus dépendans de tous les autres, a dû nécessairement, par cela seul, se perfectionner plus lentement que tous les précédens, même sans avoir égard aux obstacles plus spéciaux que nous considérerons plus tard. Quoi qu'il en soit, il est évident qu'il n'est point encore entré dans le domaine de la philosophie positive. Les méthodes théologiques et métaphysiques qui, relativement à tous les autres genres de phénomènes, ne sont plus maintenant employées par personne, soit comme moyen d'investigation, soit même seulement comme moyen d'argumentation, sont encore, au contraire, exclusivement usitées, sous l'un et l'autre rapport, pour tout ce qui concerne les phénomènes sociaux, quoique leur insuffisance à cet égard soit déjà pleinement sentie par tous les bons esprits, lassés de ces vaines contestations interminables entre le droit divin et la souveraineté du peuple.

Voilà donc la grande mais évidemment la seule lacune qu'il s'agit de combler pour achever de constituer la philosophie positive. Maintenant que l'esprit humain a fondé la physique céleste, la physique terrestre, soit mécanique, soit chimique, la physique organique, soit végétale, soit animale, il lui reste à terminer le système des sciences d'observation en fondant la *physique sociale*. Tel est aujourd'hui, sous plusieurs rapports capitaux, le plus grand et le plus pressant besoin de notre intelligence : tel est, j'ose le dire, le premier but de ce cours, son but spécial.

Les conceptions que je tenterai de présenter relativement à l'étude des phénomènes sociaux, et dont j'espère que ce discours laisse déjà entrevoir le germe, ne sauraient avoir pour objet de donner immédiatement à la physique sociale le même degré de perfection qu'aux branches antérieures de la philosophie naturelle; ce qui serait évidemment chimérique, puisque celles-ci offrent déjà entre elles à cet égard une extrême inégalité, d'ailleurs inévitable. Mais elles seront destinées à imprimer à cette dernière classe de nos connaissances, ce caractère positif déjà pris par toutes les autres. Si cette condition est une fois réellement remplie, le système philosophique des modernes sera enfin fondé dans son ensemble; car aucun phénomène observable ne saurait évidemment manquer de rentrer dans quelqu'une des cinq grandes catégories dès lors établies, des phénomènes astronomiques, physiques, chimiques, physiologiques, et sociaux. Toutes nos conceptions fondamentales étant devenues homogènes, la philosophie sera définitivement constituée à l'état positif; sans jamais pouvoir changer de caractère, il ne lui restera qu'à se développer indéfiniment par les acquisitions toujours croissantes qui résulteront inévitablement de nouvelles observations, ou de méditations plus profondes. Ayant acquis par là le caractère d'universalité qui lui manque encore, la philosophie positive deviendra capable de se substituer entièrement, avec toute sa supériorité naturelle, à la philosophie théologique et à la philosophie métaphysique, dont cette universalité est aujourd'hui la seule propriété réelle, et qui, privées d'un tel motif de préférence, n'auront plus pour nos successeurs qu'une existence historique.

Le but spécial de ce cours étant ainsi exposé, il est aisé de comprendre son second but, son but général, ce qui en fait un cours de philosophie positive, et non pas seulement un cours de physique sociale.

En effet, la fondation de la physique sociale complétant enfin le système des sciences naturelles, il devient possible et même nécessaire de résumer les diverses connaissances acquises, parvenues alors à un état fixe et homogène, pour les coordonner en les présentant comme autant de branches d'un tronc unique, au lieu de continuer à les concevoir seulement comme autant de corps isolés. C'est à cette fin qu'avant de procéder à l'étude des phénomènes sociaux, je considérerai successivement, dans l'ordre encyclopédique annoncé plus haut, les différentes sciences positives déjà formées.

Il est superflu, je pense, d'avertir qu'il ne saurait être question ici d'une suite de cours spéciaux sur chacune des branches principales de la philosophie naturelle. Sans parler de la durée matérielle d'une entreprise semblable, il est clair qu'une pareille prétention serait insoutenable de ma part, et je crois pouvoir ajouter de la part de qui que ce soit, dans l'état actuel de l'éducation humaine. Bien au contraire, un cours de la nature de celui-ci exige, pour être convenablement entendu, une série préalable d'études spéciales sur les diverses sciences qui y seront envisagées. Sans cette condition, il est bien difficile de sentir et de juger les réflexions philosophiques dont ces sciences seront les sujets. En un mot, c'est un *Cours de philosophie positive*, et non de sciences positives, que je me propose de faire. Il s'agit uniquement ici de considérer chaque science fondamentale dans ses relations avec le système positif tout entier, et quant à l'esprit qui la caractérise, c'est-à-dire, sous le double rapport de ses méthodes essentielles et de ses résultats principaux. Le plus souvent même, je devrai me borner à mentionner ces derniers, d'après les connaissances spéciales, pour tâcher d'apprécier leur importance.

Afin de résumer les idées relativement au double but de ce cours, je dois faire observer que les deux objets, l'un spécial, l'autre général, que je me propose, quoique distincts en eux-mêmes, sont nécessairement inséparables. Car, d'un côté, il serait impossible de concevoir un cours de philosophie positive sans la fondation de la physique sociale, puisqu'il manquerait alors d'un élément essentiel, et que, par cela seul, les conceptions ne sauraient avoir ce caractère de généralité qui doit en être le principal attribut, et qui distingue notre étude actuelle de la série des études spéciales. D'un autre côté, comment procéder avec sûreté à l'étude positive des phénomènes sociaux, si l'esprit n'est d'abord préparé par la considération approfondie des méthodes positives déjà jugées pour les phénomènes moins compliqués, et muni, en outre, de la connaissance des lois principales des phénomènes antérieurs, qui toutes influent, d'une manière plus ou moins directe, sur les faits sociaux?

Bien que toutes les sciences fondamentales n'inspirent pas aux esprits vulgaires un égal intérêt, il n'en est aucune qui doive être négligée dans une étude comme celle que nous entreprenons. Quant à leur importance pour le bonheur de l'espèce humaine, toutes sont certainement équivalentes, lorsqu'on les envisage d'une manière approfondie. Celles, d'ailleurs, dont les résultats présentent, au premier abord, un moindre intérêt pratique, se recommandent éminemment, soit par la plus grande perfection de leurs méthodes, soit comme étant le fondement indispensable de toutes les autres. C'est une considération sur laquelle j'aurai spécialement occasion de revenir dans la prochaine séance.

Pour prévenir, autant que possible, toutes les fausses interprétations qu'il est légitime de craindre sur la nature d'un cours aussi nouveau que celui-ci, je dois ajouter sommairement aux explications précédentes quelques considérations directement relatives à cette universalité de connaissances spéciales, que des juges irréfléchis pourraient regarder comme la tendance de ce cours, et qui est envisagée à si juste raison comme tout-à-fait contraire au véritable esprit de la philosophie positive. Ces considérations auront, d'ailleurs, l'avantage plus important de présenter cet esprit sous un nouveau point de vue, propre à achever d'en éclaircir la notion générale.

Dans l'état primitif de nos connaissances, il n'existe aucune division régulière parmi nos travaux intellectuels; toutes les sciences sont cultivées simultanément par les mêmes esprits. Ce mode d'organisation des études humaines, d'abord inévitable et même indispensable, comme nous aurons lieu de le constater plus tard, change peu à peu, à mesure que les divers ordres de conceptions se développent. Par une loi dont la nécessité est évidente, chaque branche du système scientifique se sépare insensiblement du tronc, lorsqu'elle a pris assez d'accroissement pour comporter une culture isolée, c'est-à-dire, quand elle est parvenue à ce point de pouvoir occuper à elle seule l'activité permanente de quelques intelligences. C'est à cette répartition des diverses sortes de recherches entre différens ordres de savans, que nous devons évidemment le développement si remarquable qu'a pris enfin de nos jours chaque classe distincte des connaissances humaines, et qui rend manifeste l'impossibilité, chez les modernes, de cette universalité de recherches spéciales, si facile et si commune dans les tems antiques. En un mot, la division du travail intellectuel, perfectionnée de plus en plus, est un des attributs caractéristiques les plus importans de la philosophie positive.

Mais, tout en reconnaissant les prodigieux résultats de cette division, tout en voyant désormais en elle la véritable base fondamentale de l'organisation générale du monde savant, il est impossible, d'un autre côté, de n'être pas frappé des inconvéniens capitaux qu'elle engendre, dans son état actuel, par l'excessive particularité des idées qui occupent exclusivement chaque intelligence individuelle. Ce fâcheux effet est sans doute inévitable jusqu'à un certain point, comme inhérent au principe même de la division ; c'est-à-dire, que, par aucune mesure quelconque, nous ne parviendrons jamais à égaler sous ce rapport les anciens, chez lesquels une telle supériorité ne tenait surtout qu'au peu de développement de leurs connaissances. Nous pouvons néanmoins, ce me semble, par des moyens convenables, éviter les plus pernicieux effets de la spécialité exagérée, sans nuire à l'influence vivifiante de la séparation des recherches. Il est urgent de s'en occuper sérieusement ; car ces inconvéniens, qui, par leur nature, tendent à s'accroître sans cesse, commencent à devenir très-sensibles. De l'aveu de tous, les divisions, établies pour la plus grande perfection de nos travaux, entre les diverses branches de la philosophie naturelle, sont finalement artificielles. N'oublions pas que, nonobstant cet aveu, il est déjà bien petit dans le monde savant le nombre des intelligences embrassant dans leurs conceptions l'ensemble même d'une science unique, qui n'est cependant à son tour qu'une partie d'un grand tout. La plupart se bornent déjà entièrement à la considération isolée d'une section plus ou moins étendue d'une science déterminée, sans s'occuper beaucoup de la relation de ces travaux particuliers avec le système général des connaissances positives. Hâtons-nous de remédier au mal, avant qu'il soit devenu plus grave. Craignons que l'esprit humain ne finisse par se perdre dans les travaux de détail. Ne nous dissimulons pas que c'est là essentiellement le côté faible par lequel les partisans de la philosophie théologique et de la philosophie métaphysique peuvent encore attaquer avec quelque espoir de succès la philosophie positive.

Le véritable moyen d'arrêter l'influence délétère dont l'avenir intellectuel semble menacé, par suite d'une trop grande spécialisation des recherches individuelles, ne saurait être, évidemment, de revenir à cette antique confusion des travaux, qui tendrait à faire rétrograder l'esprit humain, et qui est, d'ailleurs, aujourd'hui heureusement devenue impossible. Il consiste, au contraire, dans le perfectionnement de la division du travail elle-même Il suffit, en effet, de faire de l'étude des généralités scientifiques une grande spécialité de plus. Qu'une classe nouvelle de savans, préparés par une éducation convenable, sans se livrer à la culture spéciale d'aucune branche particulière de la philosophie naturelle, s'occupe uniquement, en considérant les diverses sciences positives dans leur état actuel, à déterminer exactement l'esprit de chacune d'elles, à découvrir leurs relations et leur enchaînement, à résumer, s'il est possible, tous leurs principes propres en un moindre nombre de principes communs, en se conformant sans cesse aux maximes fondamentales de la méthode positive. Qu'en même tems, les autres savans, avant de se livrer à leurs spécialités respectives, soient rendus aptes désormais, par une éducation portant sur l'ensemble des connaissances positives, à profiter immédiatement des lumières répandues par ces savans voués à l'étude des généralités, et réciproquement à rectifier leur résultats, état de choses dont les savans actuels se rapprochent visiblement de jour en jour. Ces deux grandes conditions une fois remplies, et il est évident qu'elles peuvent l'être, la division du travail dans les sciences sera poussée, sans aucun danger, aussi loin que le développement des divers ordres de connaissances l'exigera. Une classe distincte, incessament contrôlée par toutes les autres, ayant pour fonction propre et permanente de lier chaque nouvelle découverte particulière au système général, on n'aura plus à craindre qu'une trop grande attention donnée aux détails empêche jamais d'apercevoir l'ensemble. En un mot, l'organisation moderne du monde savant sera dès lors complètement fondée, et n'aura qu'à se développer indéfiniment, en conservant toujours le même caractère.

Former ainsi de l'étude des généralités scientifiques une section distincte du grand travail intellectuel, c'est simplement étendre l'application du même principe de division qui a successivement séparé les diverses spécialités. Car, tant que les différentes sciences positives ont été peu développées, leurs relations mutuelles ne pouvaient avoir assez d'importance pour donner lieu, au moins d'une manière permanente, à une classe particulière de travaux, et en même tems la nécessité de cette nouvelle étude était bien moins urgente. Mais, aujourd'hui, chacune des sciences a pris séparément assez d'extension pour que l'examen de leurs rapports mutuels puisse donner lieu à des travaux suivis, en même tems que ce nouvel ordre d'études devient indispensable pour prévenir la dispersion des conceptions humaines.

Telle est la manière dont je conçois la destination de la philosophie positive, dans le système général des sciences positives proprement dites. Tel est, du moins, le but de ce cours.

Maintenant que j'ai essayé de déterminer, aussi exactement qu'il m'a été possible de le faire, dans ce premier aperçu, l'esprit général d'un cours de philosophie positive, je crois devoir, pour imprimer à ce tableau tout son caractère, signaler rapidement les principaux avantages généraux que peut avoir un tel travail, si les conditions essentielles en sont convenablement remplies, relativement aux progrès de l'esprit humain. Je réduirai ce dernier ordre de considérations à l'indication de quatre propriétés fondamentales.

Premièrement, l'étude de la philosophie positive, en considérant les résultats de l'activité de nos facultés intellectuelles, nous fournit le seul vrai moyen rationnel de mettre en évidence les lois logiques de l'esprit humain, qui ont été recherchées jusqu'ici par des voies si peu propres à les dévoiler.

Pour expliquer convenablement ma pensée à cet égard, je dois d'abord rappeler une conception philosophique de la plus haute importance, exposée par M. de Blainville, dans la belle introduction de ses *Principes généraux d'anatomie comparée*. Elle consiste en ce que tout être actif, et spécialement tout être vivant, peut être étudié, dans tous ses phénomènes, sous deux rapports fondamentaux, sous le rapport statique, et sous le rapport dynamique; c'est-à-dire, comme apte à agir, et comme agissant effectivement. Il est clair, en effet, que toutes les considérations qu'on pourra présenter rentreront nécessairement dans l'un ou l'autre mode. Appliquons cette lumineuse maxime fondamentale à l'étude des fonctions intellectuelles.

Si l'on envisage ces fonctions sous le point de vue statique, leur étude ne peut consister que dans la détermination des conditions organiques dont elles dépendent; elle forme ainsi une partie essentielle de l'anatomie et de la physiologie. En les considérant sous le point de vue dynamique, tout se réduit à étudier la marche effective de l'esprit humain en exercice, par l'examen des procédés réellement employés pour obtenir les diverses connaissances exactes qu'il a déjà acquises : ce qui constitue essentiellement l'objet général de la philosophie positive, ainsi que je l'ai définie dans ce discours. En un mot, regardant toutes les théories scientifiques comme autant de grands faits logiques, c'est uniquement par l'observation approfondie de ces faits qu'on peut s'élever à la connaissance des lois logiques.

Telles sont évidemment les deux seules voies générales, complémentaires l'une de l'autre, par lesquelles on puisse arriver à quelques notions rationnelles véritables sur les phénomènes intellectuels. On voit que, sous aucun rapport, il n'y a place pour cette psychologie illusoire, dernière transformation de la théologie, qu'on tente si vainement de ranimer aujourd'hui, et qui, sans s'inquiéter ni de l'étude physiologique de nos organes intellectuels, ni de l'observation des procédés rationnels qui dirigent effectivement nos diverses recherches scientifiques, prétend arriver à la découverte des lois fondamentales de l'esprit humain, en le contemplant en lui-même, c'est-à-dire, en faisant complétement abstraction et des causes et des effets.

La prépondérance de la philosophie positive est successivement devenue telle depuis Bacon; elle a pris aujourd'hui, indirectement, un si grand ascendant sur les esprits même qui sont demeurés les plus étrangers à son immense développement, que les métaphysiciens livrés à l'étude de notre intelligence n'ont pu espérer de ralentir la décadence de leur prétendue science, qu'en se ravisant pour présenter leurs doctrines comme étant aussi fondées sur l'observation des faits. A cette fin, ils ont imaginé, dans ces derniers tems, de distinguer, par une subtilité fort singulière, deux sortes d'observations d'égale importance, l'une extérieure, l'autre intérieure, et dont la dernière est uniquement destinée à l'étude des phénomènes intellectuels. Ce n'est point ici le lieu d'entrer dans la discussion spéciale de ce sophisme fondamental. Je dois me borner à indiquer la considération principale, qui prouve clairement, que cette prétendue contemplation directe de l'esprit par lui-même est une pure illusion.

On croyait, il y a encore peu de tems, avoir expliqué la vision, en disant que l'action lumineuse des corps détermine sur la rétine des tableaux représentatifs des formes et des couleurs extérieures. A cela les physiologistes ont objecté avec raison que, si c'était comme *image* qu'agissaient les impressions lumineuses, il faudrait un autre œil pour les regarder. N'en est-il pas encore plus fortement de même dans le cas présent?

Il est sensible, en effet, que, par une nécessité invincible, l'esprit humain peut observer directement tous les phénomènes, excepté les siens propres. Car, par qui serait faite l'observation? On conçoit, relativement aux phénomènes moraux, que l'homme puisse s'observer lui-même sous le rapport des passions qui l'animent, par cette raison anatomique, que les organes qui en sont le siége sont distincts de ceux destinés aux fonctions observatrices. Encore même que chacun ait eu occasion de faire sur lui de telles remarques, elles ne sauraient évidemment avoir jamais une grande importance scientifique, et le meilleur moyen de connaître les passions sera-t-il toujours de les observer en dehors; car, tout état de passion très-prononcé, c'est-à-dire précisément celui qu'il serait le plus essentiel d'examiner, est nécessairement incompatible avec l'état d'observation. Mais, quant à observer, de la même manière, les phénomènes intellectuels pendant qu'ils s'exécutent, il y a impossibilité manifeste. L'individu pensant ne saurait se partager en deux, dont l'un raisonnerait, tandis que l'autre regarderait raisonner. L'organe observé et l'organe observateur étant, dans ce cas, identiques, comment l'observation pourrait-elle avoir lieu?

Cette prétendue méthode psychologique est donc radicalement nulle dans son principe. Aussi, considérons à quels procédés profondément contradictoires elle conduit immédiatement! D'un côté, on vous recommande de vous isoler, autant que possible, de toute sensation extérieure, il faut surtout vous interdire tout travail intellectuel; car, si vous étiez seulement occupés à faire le calcul le plus simple, que deviendrait l'observation *intérieure*? D'un autre côté, après avoir, enfin, à force de précautions, atteint cet état parfait de sommeil intellectuel, vous devrez vous occuper à contempler les opérations qui s'exécuteront dans votre esprit, lorsqu'il ne s'y passera plus rien! Nos descendans verront sans doute de telles prétentions transportées un jour sur la scène.

Les résultats d'une aussi étrange manière de procéder sont parfaitement conformes au principe. Depuis deux mille ans que les métaphysiciens cultivent ainsi la psychologie, ils n'ont pu encore convenir d'une seule proposition intelligible et solidement arrêtée. Ils sont, même aujourd'hui, partagés en une multitude d'écoles qui disputent sans cesse sur les premiers élémens de leurs doctrines. L'*observation intérieure* engendre presque autant d'opinions divergentes qu'il y a d'individus croyant s'y livrer.

Les véritables savans, les hommes voués aux études positives, en sont encore à demander vainement à ces psychologues de citer une seule découverte réelle, grande ou petite, qui soit due à cette méthode si vantée. Ce n'est pas à dire pour cela que tous leurs travaux aient été absolument sans aucun résultat relativement aux progrès généraux de nos connaissances, indépendamment du service éminent qu'ils ont rendu en soutenant l'activité de notre intelligence, à l'époque où elle ne pouvait pas avoir d'aliment plus substantiel. Mais on peut affirmer que tout ce qui, dans leurs écrits, ne consiste pas, suivant la judicieuse expression d'un illustre philosophe positif (M. Cuvier), en métaphores prises pour des raisonnemens, et présente quelque notion véritable, au lieu de provenir de leur prétendue méthode, a été obtenu par des observations effectives sur la marche de l'esprit humain, auxquelles a dû donner naissance, de tems à autre, le développement des sciences. Encore même, ces notions si clair-semées, proclamées avec tant d'emphase, et qui ne sont dues qu'à l'infidélité des psychologues à leur prétendue méthode, se trouvent-elles le plus souvent ou fort exagérées, ou très-incomplètes, et bien inférieures aux remarques déjà faites sans ostentation par les savans sur les procédés qu'ils emploient. Il serait aisé d'en citer des exemples frappans, si je ne craignais d'accorder ici trop d'extension à une telle discussion : voyez, entre autres, ce qui est arrivé pour la théorie des signes.

Les considérations que je viens d'indiquer, relativement à la science logique, sont encore plus manifestes, quand on les transporte à l'art logique.

En effet, lorsqu'il s'agit, non-seulement de savoir ce que c'est que la méthode positive, mais d'en avoir une connaissance assez nette et assez profonde pour en pouvoir faire un usage effectif, c'est en action qu'il faut la considérer ; ce sont les diverses grandes applications déjà vérifiées que l'esprit humain en a faites qu'il convient d'étudier. En un mot, ce n'est évidemment que par l'examen philosophique des sciences qu'il est possible d'y parvenir. La méthode n'est pas susceptible d'être étudiée séparément des recherches où elle est employée ; ou, du moins, ce n'est là qu'une étude morte, incapable de féconder l'esprit qui s'y livre. Tout ce qu'on en peut dire de réel, quand on l'envisage abstraitement, se réduit à des généralités tellement vagues, qu'elles ne sauraient avoir aucune influence sur le régime intellectuel. Lorsqu'on a bien établi, en thèse logique, que toutes nos connaissances doivent être fondées sur l'observation, que nous devons procéder tantôt des faits aux principes, et tantôt des principes aux faits, et quelques autres aphorismes semblables, on connaît beaucoup moins nettement la méthode que celui qui a étudié, d'une manière un peu approfondie, une seule science positive, même sans intention philosophique. C'est pour avoir méconnu ce fait essentiel, que nos psychologues sont conduits à prendre leurs rêveries pour de la science, croyant comprendre la méthode positive pour avoir lu les préceptes de Bacon ou le discours de Descartes.

J'ignore si, plus tard, il deviendra possible de faire *à priori* un véritable cours de méthode, tout-à-fait indépendant de l'étude philosophique des sciences. Mais je suis bien convaincu que cela est inexécutable aujourd'hui, les grands procédés logiques ne pouvant encore être expliqués avec la précision suffisante séparément de leurs applications. J'ose ajouter, en outre, que, lors même qu'une telle entreprise pourrait être réalisée dans la suite, ce qui, en effet, se laisse concevoir, ce ne serait jamais néanmoins que par l'étude des applications régulières des procédés scientifiques qu'on pourrait parvenir à se former un bon système d'habitudes intellectuelles; ce qui est pourtant le but essentiel de l'étude de la méthode. Je n'ai pas besoin d'insister davantage en ce moment sur un sujet qui reviendra fréquemment dans toute la durée de ce cours, et à l'égard duquel je présenterai spécialement de nouvelles considérations dans la prochaine séance.

Tel doit être le premier grand résultat direct de la philosophie positive, la manifestation par expérience des lois que suivent dans leur accomplissement nos fonctions intellectuelles, et, par suite, la connaissance précise des règles générales convenables pour procéder sûrement à la recherche de la vérité.

Une seconde conséquence, non moins importante, et d'un intérêt bien plus pressant, qu'est nécessairement destiné à produire aujourd'hui l'établissement de la philosophie positive définie dans ce discours, c'est de présider à la refonte générale de notre système d'éducation.

En effet, déjà les bons esprits reconnaissent unanimement la nécessité de remplacer notre éducation européenne, encore essentiellement théologique, métaphysique et littéraire, par une éducation *positive*, conforme à l'esprit de notre époque, et adaptée aux besoins de la civilisation moderne. Les tentatives variées qui se sont multipliées de plus en plus depuis un siècle, particulièrement dans ces derniers tems, pour répandre et pour augmenter sans cesse l'instruction positive, et auxquelles les divers gouvernemens européens se sont toujours associés avec empressement quand ils n'en ont pas pris l'initiative, témoignent assez que, de toutes parts, se développe le sentiment spontané de cette nécessité. Mais, tout en secondant autant que possible ces utiles entreprises, on ne doit pas se dissimuler que, dans l'état présent de nos idées, elles ne sont nullement susceptibles d'atteindre leur but principal, la régénération fondamentale de l'éducation générale. Car, la spécialité exclusive, l'isolement trop prononcé qui caractérisent encore notre manière de concevoir et de cultiver les sciences, influent nécessairement à un haut degré sur la manière de les exposer dans l'enseignement. Qu'un bon esprit veuille aujourd'hui étudier les principales branches de la philosophie naturelle, afin de se former un système général d'idées positives, il sera obligé d'étudier séparément chacune d'elles d'après le même mode et dans le même détail que s'il voulait devenir spécialement ou astronome, ou chimiste, etc.; ce qui rend une telle éducation presque impossible et nécessairement fort imparfaite, même pour les plus hautes intelligences placées dans les circonstances les plus favorables. Une telle manière de procéder serait donc tout-à-fait chimérique, relativement à l'éducation générale. Et, néanmoins, celle-ci exige absolument un ensemble de conceptions positives sur toutes les grandes classes de phénomènes naturels. C'est un tel ensemble qui doit devenir désormais, sur une échelle plus ou moins étendue, même dans les masses populaires, la base permanente de toutes les combinaisons humaines; qui doit, en un mot, constituer l'esprit général de nos descendans. Pour que la philosophie naturelle puisse achever la régénération, déjà si préparée, de notre système intellectuel, il est donc indispensable que les différentes sciences dont elle se compose, présentées à toutes les intelligences comme les diverses branches d'un tronc unique, soient réduites d'abord à ce qui constitue leur esprit, c'est-à-dire, à leurs méthodes principales et à leurs résultats les plus importans. Ce n'est qu'ainsi que l'enseignement des sciences peut devenir parmi nous la base d'une nouvelle éducation générale vraiment rationnelle. Qu'ensuite à cette instruction fondamentale s'ajoutent les diverses études scientifiques spéciales, correspondantes aux diverses éducations spéciales qui doivent succéder à l'éducation générale, cela ne peut évidemment être mis en doute. Mais la considération essentielle que j'ai voulu indiquer ici consiste en ce que toutes ces spécialités, même péniblement accumulées, seraient nécessairement insuffisantes pour renouveler réellement le système de notre éducation, si elles ne reposaient sur la base préalable de cet enseignement général, résultat direct de la philosophie positive définie dans ce discours.

Non-seulement l'étude spéciale des généralités scientifiques est destinée à réorganiser l'éducation, mais elle doit aussi contribuer aux progrès particuliers des diverses sciences positives; ce qui constitue la troisième propriété fondamentale que je me suis proposé de signaler.

En effet, les divisions que nous établissons entre nos sciences, sans être arbitraires, comme quelques-uns le croient, sont essentiellement artificielles. En réalité, le sujet de toutes nos recherches est un; nous ne le partageons que dans la vue de séparer les difficultés pour les mieux résoudre. Il en résulte plus d'une fois que, contrairement à nos répartitions scolastiques, des questions importantes exigeraient une certaine combinaison de plusieurs points de vue spéciaux, qui ne peut guère avoir lieu dans la constitution actuelle du monde savant; ce qui expose à laisser ces problèmes sans solution beaucoup plus long-tems qu'il ne serait nécessaire. Un tel inconvénient doit se présenter surtout pour les doctrines les plus essentielles de chaque science positive en particulier. On en peut citer aisément des exemples très-marquans, que je signalerai soigneusement, à mesure que le développement naturel de ce cours nous les présentera.

Je me bornerai ici à choisir, dans la chimie, la doctrine si importante des proportions définies. Certainement, la mémorable discussion élevée de nos jours, relativement au principe fondamental de cette théorie, ne saurait encore, quelles que soient les apparences, être regardée comme irrévocablement terminée. Car, ce n'est pas là, ce me semble, une simple question de chimie. Je crois pouvoir avancer que, pour obtenir à cet égard une décision vraiment définitive, c'est-à-dire, pour déterminer si nous devons regarder comme une loi de la nature que les molécules se combinent nécessairement en nombres fixes, il sera indispensable de réunir le point de vue chimique avec le point de vue physiologique. Ce qui l'indique, c'est que, de l'aveu même des illustres chimistes qui ont le plus puissamment contribué à la formation de cette doctrine, on peut dire tout au plus qu'elle se vérifie constamment dans la composition des corps inorganiques; mais elle se trouve au moins aussi constamment en défaut dans les composés organiques, auxquels il semble jusqu'à présent tout-à-fait impossible de l'étendre. Or, avant d'ériger cette théorie en principe réellement fondamental, ne faudra-t-il pas d'abord s'être rendu compte de cette immense exception? Ne tiendrait-elle pas à ce même caractère général, propre à tous les corps organisés, qui fait que, dans aucun de leurs phénomènes, il n'y a lieu à concevoir des nombres invariables? Quoi qu'il en soit, un ordre tout nouveau de considérations, appartenant également à la chimie et à la physiologie, est évidemment nécessaire pour décider finalement, d'une manière quelconque, cette grande question de philosophie naturelle.

Je crois convenable d'indiquer encore ici un second exemple de même nature, mais qui, se rapportant à un sujet de recherches bien plus particulier, est encore plus concluant pour montrer l'importance spéciale de la philosophie positive dans la solution des questions qui exigent la combinaison de plusieurs sciences. Je le prends aussi dans la chimie. Il s'agit de la question encore indécise qui consiste à déterminer si l'azote doit être regardé, dans l'état présent de nos connaissances, comme un corps simple ou comme un corps composé. Vous savez par quelles considérations purement chimiques l'illustre Berzélius est parvenu à balancer l'opinion de presque tous les chimistes actuels, relativement à la simplicité de ce gaz. Mais, ce que je ne dois pas négliger de faire particulièrement remarquer, c'est l'influence exercée à ce sujet sur l'esprit de M. Berzélius, comme il en fait lui-même le précieux aveu, par cette observation physiologique, que les animaux qui se nourrissent de matières non azotées renferment dans la composition de leurs tissus tout autant d'azote que les animaux carnivores. Il est clair, en effet, d'après cela, que pour décider réellement si l'azote est ou non un corps simple, il faudra nécessairement faire intervenir la physiologie, et combiner avec les considérations chimiques proprement dites une série de recherches neuves sur la relation entre la composition des corps vivans et leur mode d'alimentation.

Il serait maintenant superflu de multiplier davantage les exemples de ces problèmes de nature multiple, qui ne sauraient être résolus que par l'intime combinaison de plusieurs sciences cultivées aujourd'hui d'une manière tout-à-fait indépendantes. Ceux que je viens de citer suffisent pour faire sentir, en général, l'importance de la fonction que doit remplir dans le perfectionnement de chaque science naturelle en particulier la philosophie positive, immédiatement destinée à organiser d'une manière permanente de telles combinaisons, qui ne pourraient se former convenablement sans elle.

Enfin, une quatrième et dernière propriété fondamentale que je dois faire remarquer dès ce moment dans ce que j'ai appelé la philosophie positive, et qui doit sans doute lui mériter plus que toute autre l'attention générale, puisqu'elle est aujourd'hui la plus importante pour la pratique, c'est qu'elle peut être considérée comme la seule base solide de la réorganisation sociale qui doit terminer l'état de crise dans lequel se trouvent depuis si long tems les nations les plus civilisées. La dernière partie de ce cours sera spécialement consacrée à établir cette proposition, en la développant dans toute son étendue. Mais l'esquisse générale du grand tableau que j'ai entrepris d'indiquer dans ce discours manquerait d'un de ses élémens les plus caractéristiques, si je négligeais de signaler ici une considération aussi essentielle.

Quelques réflexions bien simples suffiront pour justifier ce qu'une telle qualification paraît d'abord présenter de trop ambitieux.

Ce n'est pas aux lecteurs de ce recueil que je croirai jamais devoir prouver que les idées gouvernent et bouleversent le monde, ou, en d'autres termes, que tout le mécanisme social repose finalement sur des opinions. Ils savent surtout que la grande crise politique et morale des sociétés actuelles tient, en dernière analyse, au désordre intellectuel. Notre mal le plus grave consiste, en effet, dans cette profonde divergence qui existe maintenant entre tous les esprits, relativement à toutes les maximes fondamentales dont la fixité est la première condition d'un véritable ordre social. Tant que les intelligences individuelles n'auront pas adhéré, par un assentiment unanime, à un certain nombre d'idées générales capables de former une doctrine sociale commune, on ne peut se dissimuler que l'état des nations restera, de toute nécessité, essentiellement révolutionnaire, malgré tous les palliatifs politiques qui pourront être adoptés, et ne comportera réellement que des institutions provisoires. Il est également certain que, si cette réunion des esprits dans une même communion de principes peut une fois être obtenue, les institutions convenables en découleront nécessairement, sans donner lieu à aucune secousse grave, le plus grand désordre étant déjà dissipé par ce seul fait. C'est donc là que doit se porter principalement l'attention de tous ceux qui sentent l'importance d'un état de choses vraiment normal.

Maintenant, du point de vue élevé où nous ont placés graduellement les diverses considérations indiquées dans ce discours, il est aisé à la fois et de caractériser nettement dans son intime profondeur l'état présent des sociétés, et d'en déduire par quelle voie on peut le changer essentiellement. En me rattachant à la loi fondamentale énoncée au commencement de ce discours, je crois pouvoir résumer exactement toutes les observations relatives à la situation actuelle de la société, en disant simplement que le désordre actuel des intelligences tient, en dernière analyse, à l'emploi simultané des trois philosophies radicalement incompatibles, la philosophie théologique, la philosophie métaphysique, et la philosophie positive. Il est clair, en effet, que, si l'une quelconque de ces trois philosophies obtenait, en réalité, une prépondérance universelle et complète, il y aurait un ordre social déterminé, tandis que le mal consiste surtout dans l'absence de toute véritable organisation. C'est la co-existence de ces trois philosophies opposées qui empêche absolument de s'entendre sur aucun point essentiel. Or, si cette manière de voir est exacte, il ne s'agit plus que de savoir laquelle des trois philosophies peut et doit prévaloir par la nature des choses : tout homme sensé devra ensuite, quelles qu'aient pu être, avant l'analyse de la question, ses opinions particulières, s'efforcer de concourir à son triomphe. La recherche étant une fois réduite à ces termes simples, elle ne paraît pas devoir rester long-tems incertaine. Car, il est évident, par toutes sortes de raisons, dont j'ai indiqué dans ce discours quelques-unes des principales, que la philosophie positive est seule destinée à prévaloir selon le cours ordinaire des choses. Seule elle a été, depuis une longue suite de siècles, constamment en progrès, tandis que ses antagonistes ont été constamment en décadence. Que ce soit à tort ou à raison, peu importe ; le fait général est incontestable, et il suffit. On peut le déplorer, mais non le détruire, ni, par conséquent, le négliger, sous peine de ne se livrer qu'à des spéculations illusoires. Cette révolution générale de l'esprit humain est aujourd'hui presque entièrement accomplie : il ne reste plus, comme je l'ai expliqué, qu'à compléter la philosophie positive en y comprenant l'étude des phénomènes sociaux, et ensuite à la résumer en un seul corps de doctrine homogène. Quand ce double travail sera suffisamment avancé, le triomphe définitif de la philosophie positive aura lieu spontanément, et rétablira l'ordre dans la société. La préférence si prononcée que presque tous les esprits, depuis les plus élevés jusqu'aux plus vulgaires, accordent aujourd'hui aux connaissances positives sur les conceptions vagues et mystiques, présage assez l'accueil que recevra cette philosophie, lorsqu'elle aura acquis la seule qualité qui lui manque encore, un caractère de généralité convenable.

En résumé, la philosophie théologique et la philosophie métaphysique se disputent aujourd'hui la tâche, trop supérieure aux forces de l'une et de l'autre, de réorganiser la société : c'est entre elles seules que subsiste encore la lutte, sous ce rapport. La philosophie positive n'est intervenue jusqu'ici dans la contestation que pour les critiquer toutes deux, et elle s'en est assez bien acquittée pour les discréditer entièrement. Mettons-la enfin en état de prendre un rôle actif, sans nous inquiéter plus long-tems de débats devenus inutiles. Complétant la vaste opération intellectuelle commencée par Bacon, par Descartes, et par Galilée, construisons directement le système d'idées générales que cette philosophie est désormais destinée à faire indéfiniment prévaloir dans l'espèce humaine, et la crise révolutionnaire qui tourmente les peuples civilisés sera essentiellement terminée.

Tels sont les quatre points de vue principaux sous lesquels j'ai cru devoir indiquer dès ce moment l'influence salutaire de la philosophie positive, pour servir de complément essentiel à la définition générale que j'ai essayé d'en exposer.

Avant de terminer, je désire appeler un instant l'attention sur une dernière réflexion, qui me semble convenable pour éviter, autant que possible, qu'on se forme d'avance une opinion erronée de la nature de ce cours.

En assignant pour but, à la philosophie positive, de résumer en un seul corps de doctrine homogène l'ensemble des connaissances acquises, relativement aux différens ordres de phénomènes naturels, il était bien loin de ma pensée de vouloir procéder à l'étude générale de ces phénomènes en les considérant tous comme des effets divers d'un principe unique, comme assujettis à une seule et même loi. Quoique je doive traiter spécialement cette question dans la prochaine séance, je crois devoir, dès à présent, en faire la déclaration, afin de prévenir les reproches très-mal fondés que pourraient m'adresser ceux qui, sur un faux aperçu, classeraient ce cours parmi ces tentatives d'explication universelle, qu'on voit éclore journellement de la part d'esprits entièrement étrangers aux méthodes et aux connaissances scientifiques. Il ne s'agit ici de rien de semblable; et le développement de ce cours en fournira la preuve manifeste à tous ceux chez lesquels les éclaircissemens contenus dans ce discours auraient pu laisser quelques doutes à cet égard.

Dans ma profonde conviction personnelle, je considère ces entreprises d'explication universelle de tous les phénomènes par une loi unique, comme éminemment chimériques, même quand elles sont tentées par les intelligences les plus compétentes. Je crois que les moyens de l'esprit humain sont trop faibles, et l'univers trop compliqué pour qu'une telle perfection scientifique soit jamais à notre portée, et je pense, d'ailleurs, qu'on se forme généralement une idée très-exagérée des avantages qui en résulteraient nécessairement, si elle était possible. Dans tous les cas, il me semble évident que, vu l'état présent de nos connaissances, nous en sommes encore beaucoup trop loin pour que de telles tentatives puissent être raisonnables avant un laps de tems considérable. Car, si on pouvait espérer d'y parvenir, ce ne pourrait être, suivant moi, qu'en rattachant tous les phénomènes naturels à la loi positive la plus générale que nous connaissions, la loi de la gravitation, qui lie déjà tous les phénomènes astronomiques à une partie de ceux de la physique terrestre. Laplace a exposé, effectivement, une conception par laquelle on pourrait ne voir dans les phénomènes chimiques, que de simples effets moléculaires de l'attraction newtonienne, modifiée par la figure et la position mutuelle des atomes. Mais, outre l'indétermination dans laquelle resterait probablement toujours cette conception, par l'absence des données essentielles relatives à la constitution intime des corps, il est presque certain que la difficulté de l'appliquer serait telle, qu'on serait obligé de maintenir, comme artificielle, la division aujourd'hui établie comme naturelle entre l'astronomie et la chimie. Aussi, Laplace n'a-t-il présenté cette idée que comme un simple jeu philosophique, incapable d'exercer réellement aucune influence utile sur les progrès de la science chimique. Il y a plus, d'ailleurs; car, même en supposant vaincue cette insurmontable difficulté, on n'aurait pas encore atteint à l'unité scientifique, puisqu'il faudrait ensuite tenter de rattacher à la même loi l'ensemble des phénomènes physiologiques; ce qui, certes, ne serait pas la partie la moins difficile de l'entreprise. Et, néanmoins, l'hypothèse que nous venons de parcourir serait, tout bien considéré, la plus favorable à cette unité si désirée.

Je n'ai pas besoin de plus grands détails pour achever de convaincre, que le but de ce cours n'est nullement de présenter tous les phénomènes naturels comme étant au fond identiques, sauf la variété des circonstances. La philosophie positive serait sans doute plus parfaite s'il pouvait en être ainsi. Mais cette condition n'est nullement nécessaire à sa formation systématique, non plus qu'à la réalisation des grandes et heureuses conséquences que nous l'avons vue destinée à produire. Il n'y a d'unité indispensable pour cela que l'unité de méthode, laquelle peut et doit évidemment exister, et se trouve déjà établie en majeure partie. Quant à la doctrine, il n'est pas nécessaire qu'elle soit une ; il suffit qu'elle soit homogène. C'est donc sous le double point de vue de l'unité des méthodes et de l'homogénéité des doctrines, que nous considérerons, dans ce cours, les différentes classes de théories positives. Tout en tendant à diminuer, le plus possible, le nombre des lois générales nécessaires à l'explication positive des phénomènes naturels, ce qui est, en effet, le but philosophique de la science, nous regarderons comme téméraire d'aspirer jamais, même pour l'avenir le plus éloigné, à les réduire rigoureusement à une seule.

J'ai tenté, dans ce discours, de déterminer, aussi exactement qu'il a été en mon pouvoir, le but, l'esprit, et l'influence de la philosophie positive. J'ai donc marqué le terme vers lequel ont toujours tendu et tendront sans cesse tous mes travaux, soit dans ce cours, soit de toute autre manière. Personne n'est plus profondément convaincu que moi de l'insuffisance de mes forces intellectuelles, fussent-elles même très-supérieures à leur valeur réelle, pour répondre à une tâche aussi vaste et aussi élevée. Mais, ce qui ne peut être fait, ni par un seul esprit, ni en une seule vie, un seul peut le proposer nettement. Telle est toute mon ambition.

Ayant exposé le véritable but de ce cours, c'est-à-dire, fixé le point de vue sous lequel je considérerai les diverses branches principales de la philosophie naturelle, je compléterai, dans la séance prochaine, ces prolégomènes généraux, en passant à l'exposition du plan, c'est-à-dire, à la détermination de l'ordre encyclopédique qu'il convient d'établir entre les diverses classes des phénomènes naturels, et, par conséquent, entre les sciences positives correspondantes.

Auguste COMTE,
Ancien élève de l'École Polytechnique.

QUELQUES OBSERVATIONS

Concernant un ouvrage intitulé : Essai sur la philosophie des sciences, dont l'esquisse et le plan ont été publiés en 1818.

Les vues éminemment philosophiques, développées dans le Discours qui précède, et dans le Cours entier de M. *Aug.* Comte, ont quelque analogie avec celles qui sont exposées dans un *Essai sur la philosophie des sciences*, dont l'esquisse très-abrégée fut publiée, en 1818, par l'auteur (M. *Marc-Antoine* Jullien, de Paris); insérée dans les *Annales Encyclopédiques* de feu M. Millin, de l'Institut (cahiers de *novembre* et *décembre* 1818); puis, traduite et imprimée en allemand. Cet ouvrage, dont une édition nouvelle, revue avec soin et très-augmentée (en partie imprimée jusqu'à la page 240, dans l'année 1821), n'a pu être encore ni terminée, ni produite au grand jour, et dont, par ce motif, M. Comte a ignoré même l'existence, contient (page 7) le passage suivant, qui indique le plan et l'idée fondamentale de l'auteur :

« Si aucune science n'a pu rendre d'importans services à l'espèce humaine, qu'après avoir été détachée des autres et cultivée à part; si la *division des sciences* doit être considérée comme le principe, la cause et la condition de leurs progrès, tandis que leur *réunion,* leur combinaison, les communications et les échanges, établis entre elles, ont permis de puiser, dans les unes, les moyens de direction et les secours dont les autres avaient besoin, ne pourrait-on pas admettre aujourd'hui, comme une branche particulière et spéciale des sciences, celle qui aurait pour objet de les observer toutes, séparément et à la fois, pour les rapprocher, les comparer, pour saisir leurs caractères distinctifs, ou leurs différences essentielles, et leurs points de contact et d'union?

» C'est cette science, qu'on pourrait appeler la philosophie des sciences, dont le chancelier Bacon avait conçu l'idée, posé les bases, publié les élémens. Elle convient surtout à notre époque et à notre siècle. »

M. *Aug.* Comte partage entièrement cette opinion, lorsqu'il insiste sur la nécessité de *faire de l'étude des généralités scientifiques une grande spécialité de plus* (voy. ci-dessus, pag. 292).

M. Jullien avait compris dans son travail un TABLEAU ANALYTIQUE présentant une nouvelle *classification des connaissances humaines,* et il a reproduit et inséré ce tableau, sans l'explication et les développemens dont il devait être accompagné, dans la *Revue Encyclopédique,* où l'on peut le consulter (t. XXXIII, p. 782-783, mars 1827).

« Il est très-difficile, dit M. Jullien, de coordonner les savans, les artistes, les hommes de lettres, les philosophes, soit séparément dans leurs sphères respectives, soit tous ensemble, pour les faire concourir à l'exécution d'un même plan. Le génie aime l'indépendance : elle est son élément; on ne peut lui prescrire sa marche, ni l'assujettir à des lois. Il paraît cependant possible et avantageux d'associer et de combiner les efforts et les travaux des hommes livrés à la culture des sciences, de manière que, sans rien perdre de cette liberté de méditation et de pensée dont ils éprouvent le besoin, ils aient à leur disposition plus de ressources et de moyens auxiliaires, un plus grand nombre de collaborateurs, une plus grande masse de faits, d'expériences, d'observations, et qu'ils arrivent ainsi beaucoup plus promptement à de grands et utiles résultats…..

» La multitude infinie des connaissances humaines, qui comprend tous les objets matériels dont l'univers se compose, tous les êtres métaphysiques et les productions de tout genre que l'imagination et l'art peuvent ajouter aux ouvrages de la nature, s'offre d'abord à l'esprit comme un immense chaos. Une sagacité patiente et attentive peut seule en débrouiller les masses confuses. Elle réussit à les classer dans un tel ordre, que l'ensemble de nos connaissances forme une vaste mappemonde, dont il faut d'abord étudier les principales parties, pour apprécier leur étendue, leurs proportions, leurs positions respectives et leurs rapports mutuels ; il s'agit ensuite de parcourir chacune de ces parties, pour en observer la nature propre et les caractères distinctifs, pour les comparer entre elles, pour en établir, si l'on peut s'exprimer ainsi, les tables statistiques, destinées à présenter les avantages et les secours que l'industrie et le génie de l'homme peuvent en retirer au profit de la civilisation.

» Cette *combinaison des littérateurs, des savans, des artistes, des hommes industriels en tout genre; cette division méthodique des connaissances humaines*, rapportées au grand but de l'avancement des lettres, des sciences et des arts, du perfectionnement physique, moral et intellectuel de l'homme, et de l'amélioration de sa condition sur la terre : tel est le double objet de la *philosophie des sciences.* » — L'esquisse d'un traité sur cette science nouvelle, dont le germe est tout entier dans Bacon, avait été tracée par M. Jullien, dès l'année 1800 (dans l'an VIII). Mais ce travail, toujours interrompu par les cruelles vicissitudes qui ont poursuivi l'auteur, depuis sa première jeunesse, ou par les fonctions publiques et par les occupations très-multipliées qui ont absorbé toute sa vie, ne sera peut-être jamais terminé. Du moins est-il juste d'en déposer ici un souvenir, et de rappeler l'époque précise où il a été commencé. Notre *Revue*, en rapprochant par des communications mutuelles les hommes généreux et éclairés de tous les pays, en leur offrant, par le concours d'un certain nombre d'entre eux, une sorte de panorama scientifique et littéraire du monde civilisé, un résumé sommaire et périodique des travaux et des progrès les plus remarquables en tout genre observés et comparés chez les différentes nations, n'est qu'une application pratique, renouvelée chaque mois, de cette pensée philosophique, qui est elle-même l'expression d'un grand problème à résoudre : « Imprimer aux connaissances humaines, combinées et coordonnées entre elles, une direction meilleure et mieux entendue, et procurer les moyens de rendre leur marche plus sûre et plus rapide ».

IMPRIMERIE DE PLASSAN ET CIE, RUE DE VAUGIRARD, N° 15.

www.ingramcontent.com/pod-product-compliance
Lightning Source LLC
Chambersburg PA
CBHW070712050426
42451CB00008B/609